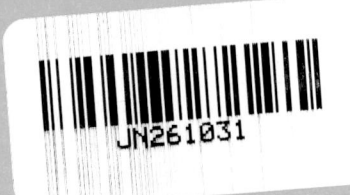

崔さんのとっておきレシピ

キムチでごちそう

キムチは私にとって母のようなもの――崔誠恩

「あなたにとってキムチとは何ですか」と聞かれたら、私はこう答えます。「キムチは私にとってオモニ（母）のようなものです」と。

韓国人である私にとって、キムチは、 いつもそばにいて、その存在をあまり意識することはないけれど、いなければ寂しいオモニのようなもの。キムチの栄養や味について改めて考えることはなくても、食卓にないと、不安になってしまうのです。

最近、韓国はもちろん、各国でキムチの研究が急速に進み、その秘められたパワーが徐々に明らかにされています。動物性タンパク質を含む魚介類などと一緒に漬け込み、乳酸菌を生み出すキムチは、優れた発酵食品です。発酵が進むことで徐々に味が深みを増すので、キムチは漬けて終わりではなく、育てて味わうものなのです。

いうまでもなく、キムチの味わい方は、そのまま食べるだけではありません。発酵が進み、酸味を増したものは料理の味を引き立てますし、栄養豊富な汁は、天然の調味料として活躍します。ですから、おいしいキムチさえあれば、料理のバリエーションがぐんと広がるはずです。

あなたの大切な人、とりわけ子どもたちには、健康のため、未来のために、できるだけ手作りの料理を食べさせましょう。手が汚れるからといって、手袋などしないことをおすすめします。お母さんが素手で調理したものを食べると、子どもに免疫力がつくのです。味は、技だけでは決まりません。愛がこもった料理は、たとえ一品でも、食べる人を幸せにする力があるのです。

目次
CONTENTS

【本格キムチ作りに挑戦！】

驚きの
キムチパワー

主原料の野菜だけでなく、唐辛子やにんにく、魚介類など、多彩な材料で作られるキムチには、バランス良く栄養成分が含まれています。さらに、発酵によって作られるビタミンや乳酸菌が、私たちの体に驚くべき効果を発揮します。

●繊維質とカプサイシンが消化を助け、肥満や生活習慣病を予防

キムチは野菜主体の低カロリー食品で、繊維質を多く含みます。そのため、腸のはたらきを円滑化しながら体内の糖類やコレステロールの数値を下げるので、肥満を予防し、糖尿病、心臓疾患などの生活習慣病の予防や治療にも役立ちます。

また、キムチの材料のひとつ、唐辛子に含まれるカプサイシンという成分も、ダイエットに効果的。唾液や胃酸の分泌を促進して消化を助けるほか、脳にはたらきかけ、体内の脂肪を燃焼させるアドレナリンの分泌を促してくれます。

●乳酸菌が腸を整え、免疫力を強化

キムチが発酵するに従って増加する乳酸菌は、腸内の酸度を下げ、有害菌の生育を抑制または死滅させる整腸作用があり、特に便秘の改善に効果があります。また、乳酸菌が腸内に吸収されると、乳酸菌の細胞壁、ペプチドグルカンが免疫細胞に取りこまれ、免疫力を高めます。

本物のキムチとは何かを教えてくれる崔《チェ》さん

東京農業大学教授　**小泉武夫**

韓国の伝統的発酵食品であるキムチは、今や韓国のみならず、地球的規模で拡がっている。その理由は、何と言っても美味しさの魅力にあるが、最近、キムチからさまざまな保健的機能性が次々に発見され、そのヘルシー性が人気を呼び「奇跡の漬け物」「神秘的な発酵食品」として注目されてきたからでもある。

●豊富なビタミン類が血行を促進し、美肌に効果

キムチに豊富に含まれるビタミンB類は、新陳代謝を促します。新陳代謝が活発になると、体内の老廃物や余分な水分が排出されるため、血液循環が良くなり、むくみや肌のトラブルの改善につながります。

●乳酸菌が作り出す乳酸が、病気の発生や進行を抑制

乳酸菌が作り出す乳酸やバクテリオシンという物質は、各種腫瘍細胞やウイルスを殺すT細胞のはたらきを促し、病気を抑えたり、進行を食い止める力があるといわれます。このほかキムチには、「老化の抑制」「動脈硬化の予防および血栓抑制」などの機能があることが分かっています。さらに、キムチに含まれるアラニンという成分は、人間の肝機能を増進させ、二日酔いにも効果があります。

＜米、大豆発酵食品、キムチの調和＞

伝統的な韓国式の食事は、ご飯と味噌汁（大豆食品）、キムチの三つを基本とするもの。これに数種類のおかずがつくのですが、基本の三品には、人間の体に必要な５大栄養素、タンパク質・糖質・脂肪・ビタミン・ミネラル、そして第６の栄養素として注目されている食物繊維が含まれています。ですから三つの食品は、それだけで必要な栄養素を補える、素晴らしい組み合わせだといえるでしょう。

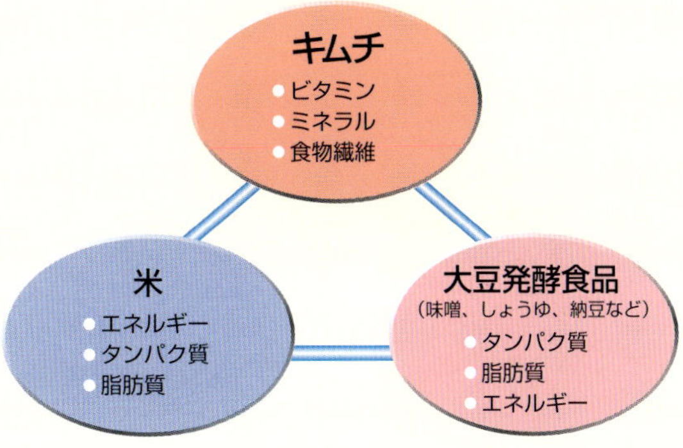

キムチは、今や日本では全漬け物の消費量の比較で、断然トップに立っている。しかし日本で作られているキムチの多くは、韓国の格式に則った伝統的漬け方を行なっておらず、いわば「キムチもどき漬け物」の感があって、そのため消費者もキムチの本当の姿を把握していない。しかし、本書の著者はソウル大学校農科大学でキムチを研究し、現在は韓国料理研究の第一人者として活躍している旬《しゅん》の人でもあるので、まさにキムチの全容を知りたい読者にとって、本書は珠玉の一冊となっている。

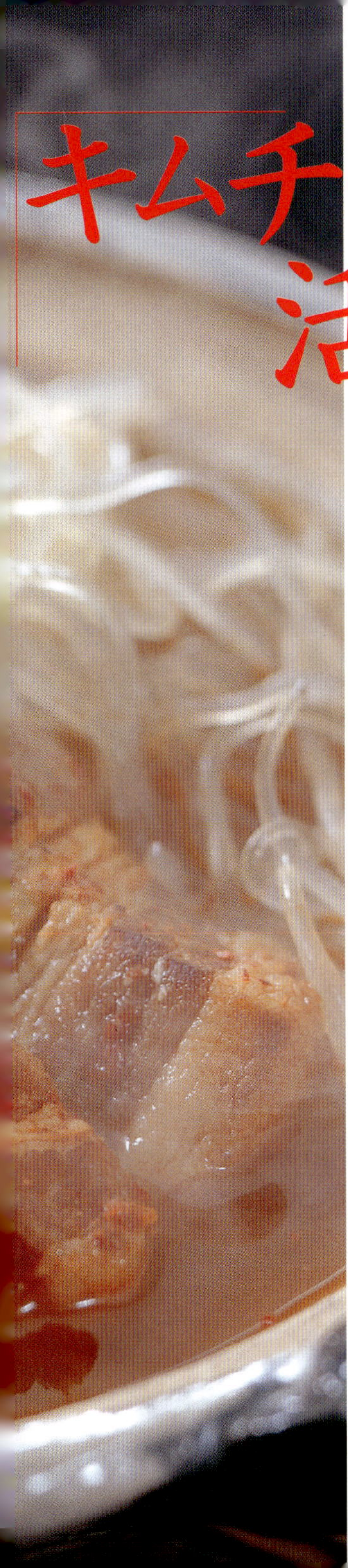

キムチのおいしい活用レシピ

白菜キムチがそのままで一番おいしいのは、漬けてから4～10日目くらい。それを過ぎて、ちょっと酸っぱくなってきたら、今度は料理に活用しましょう。発酵が進んだキムチは、ほどよい酸味と風味が魅力。天然の調味料として料理の味を引き立て、食欲そそる一品が作れます。

＜レシピ中に出てくるキムチの大きさについて＞

キムチの切り方は、料理によって変えましょう。
写真は、左から「一口大」「幅1cm大」「みじん切り」。
「千切り」の場合は、できるだけ細く切ってください。

キムチ豚肉炒め

今や日本でも、定番メニューの「豚キムチ」。ササッと炒めるだけで、ボリュームのあるおかずになります。

材料（2人分）

キムチ（一口大） 300ｇ
豚肩ロース肉（薄切り） 150ｇ
コチュジャン 大さじ1
ごま油 大さじ1
煎りごま 少々
ねぎ（白髪ねぎ） 5cm

作り方

①豚肉はコチュジャンと混ぜておく。
②熱したフライパンにごま油をひき、①を炒める。
③豚肉の色が変わったら、キムチを加えて中火でさらに炒める。
④皿に盛り、ねぎとごまをのせる。

炒めもの

忙しいときもサッとできる炒めもの

なす炒め

あっさり味で油を吸いやすいなすは、炒めものには最適。味噌の風味も手伝って、ご飯が進みます。

材料（2人分）

キムチ（一口大） 100g
なす 2個
豚ばら肉 50g
ねぎ 3cm
ごま油 大さじ1
コチュジャン 小さじ2
味噌 大さじ1
みりん 大さじ1
キムチ汁 大さじ1

作り方

①なすはタテ半分に切って、皮の部分に包丁で切り目を入れる（写真）。
②ボールにコチュジャン、味噌、みりん、キムチ汁を入れ、かき混ぜる。
③豚肉となすを、②に10〜15分つけておく。
④熱したフライパンにごま油をひいて③を炒め、なすが透明になったらキムチを加えて中火で炒める。
⑤斜めに切ったねぎを加えて火を止め、皿に盛る。彩りに生唐辛子を添える。

◆ポイント

味噌は、韓国味噌でも合わせ味噌でもお好みで。辛口が好みの人には、甘みの少ない韓国味噌がおすすめです。

キムチトッポキ
（韓国もちとキムチ炒め）

独特の食感がたまらない韓国もち。キムチや野菜と一緒に炒めれば、これだけで軽い食事にもなります。

材料（2人分）

キムチ（一口大） 50ｇ
韓国もち 150ｇ
さつま揚げ 100ｇ
にんじん（薄切り） 1/4本
ねぎ（斜め薄切り） 3㎝
茹で卵 1個
煎りごま 少々
コチュジャン 大さじ2
砂糖 小さじ2
水 1/2カップ

作り方

①もちは6㎝長さ、さつま揚げは1㎝幅に切る。
②鍋に水とキムチ、コチュジャン、砂糖を入れ、弱火にかける。
③②にもち、さつま揚げ、にんじんを加えて5分ほど炒める。
④③にねぎを加えて強火にし、1分ほど炒めて火を止める。
⑤皿に盛り、半分に切った茹で卵とごまを飾る。

◆ポイント
味が薄い場合は、最後に塩かしょうゆを加えて味を調えましょう。

[韓国もち]

うるち米でできた韓国もちはトックといい、写真のような棒状のもののほか、薄切りのものもあります。もち米でできたもちと比べてねばりがないので、ごま油で揚げて蜂蜜をつけたり、スープに入れたり、幅広く活用できます。

イカとキムチの炒めもの

キムチと一緒に炒めると、イカの臭みが和らぎます。冷めてもおいしい一品。

材料（2人分）

キムチ（一口大）100ｇ
イカ　1杯
水　1カップ
しょうゆ　大さじ2
酒　大さじ1
みりん　大さじ1

作り方

①イカはワタを取って、胴は2cm幅の輪切りに、足は2～3本に切り分ける。
②鍋に水とキムチ、酒、みりんを入れ、15分ほど炒める。
③②に水気を切ったイカと、しょうゆを加え、15分ほど煮込む。

◆ポイント
イカは火を通し過ぎるとかたくなるので、注意しましょう。

唐揚げのキムチ炒め

いつもの鳥の唐揚げを、キムチと一緒に炒めたアイデアメニュー。冷凍唐揚げを利用して、スピーディーに作りましょう。

材料（2人分）

キムチ（一口大）　200ｇ
冷凍唐揚げ　300ｇ
ねぎ（斜め切り）　7cm
ごま油　大さじ1

作り方

①熱したフライパンにごま油をひき、キムチを入れて色が変わるまで炒めて皿に移す（写真）。
②①のフライパンに唐揚げを入れ、柔らかくなるまで炒める。
③②に①とねぎを加え、強火で炒めて皿に盛る。

キムチ春雨

春雨のツルツルッとした食感と、キムチの歯ごたえが絶妙。玉ねぎの味を活かし、見た目にも白くきれいに仕上げるため、玉ねぎと豚肉、春雨は、それぞれ別々に炒めましょう。

材料（2人分）

キムチ（幅1cm大）　100g
韓国春雨　30g
豚肉　50g
玉ねぎ（薄切り）　中1/2個
黄パプリカ（千切り）　1/2個
卵（錦糸卵）　1個
しょうゆ　大さじ2
砂糖　小さじ2
ごま油　大さじ1
糸唐辛子　少々
煎りごま　少々
塩　少々

作り方

①春雨はお湯で5分くらい茹で、水気を切る。
②豚肉は細切りにし、キムチと混ぜておく。
③熱したフライパンにごま油少々を入れ、玉ねぎを炒めて塩少々で味付けし、ボールに移す。
④熱したフライパンにごま油少々を入れ、②を炒めてボールに移す。
⑤熱したフライパンにごま油少々を入れ、食べやすい長さに切った①とパプリカを炒めて、しょうゆ、砂糖で味付けする。
⑥ボールで③④⑤を混ぜ合わせ、皿に盛り、卵、糸唐辛子、煎りごまを飾る。

チョンガッキムチ味噌炒め

韓国の小さな大根、チョンガッを漬けたキムチは、歯ごたえの良さが魅力。水分が少なめなので、炒めものにしても、水っぽくなりません。

材料（2人分）

チョンガッキムチ　200g
味噌　大さじ1
ごま油　大さじ1
煮干　10g

作り方

①熱したフライパンで、頭とはらわたを取った煮干を炒める。
②①にキムチと味噌、ごま油を加え、色が変わるまで炒めて器に盛る。

◆ポイント
チョンガッキムチの代わりにカットゥギ（カクテキ）を使っても、おいしくできます。

お馴染みおかず

お馴染みおかずがさらにおいしく

キムチハンバーグ キムチソースがけ

ちょっと酸っぱくなったキムチは、挽き肉とよく合います。キムチソースはオリーブ油の代わりにバターを使ってもいいでしょう。

材料（2人分）

キムチ（みじん切り） 200g
合挽き肉 200g
木綿豆腐 1/4丁
卵 黄身1個分
パン粉 10g
塩 小さじ1
すりごま 大さじ1
酒 大さじ1
ごま油 大さじ1/2

作り方

①ボールに合挽き肉、キムチ、布巾で包んで水気をよく切った豆腐、卵の黄身を入れ、かたまりがなくなるまで手でよく混ぜる。
②①にすりごま、酒、ごま油、パン粉を加えてさらに混ぜ、好みで塩を加える。
③②を適量手にとり、両手でたたいて空気を抜きながら、直径8cm、厚さ1.5cmくらいの平たいだ円形にする（写真）。
④熱したフライパンに③を入れて焼く。
⑤表面に肉汁が浮いたら裏返し、フタを閉めて5分ほど焼く。
⑥皿に盛り、キムチソースをかける。

【キムチソース】

材料（2人分）

キムチ（みじん切り）　50g
玉ねぎ（みじん切り）　大さじ1
ケチャップ　大さじ1
オリーブ油　大さじ2

作り方

①フライパンにオリーブ油を熱し、玉ねぎがキツネ色になるまで炒める。
②①にキムチを加えて、キムチの色が変わるまで炒める。
③ケチャップを入れ、強火で30秒くらい炒めて火を止める。

キムチ餃子（焼餃子・水餃子）

キムチを入れると、いつもの餃子に深みが加わるから不思議。
多めに作って冷凍しておけば、お弁当にも使えて便利です。

材料（2人分）

キムチ（みじん切り） 200g
木綿豆腐　1/2丁
もやし　100g
合挽き肉　150g
餃子の皮　20枚
すりごま　小さじ1
ごま油　小さじ1

【焼餃子】
サラダ油　大さじ2

【水餃子】
牛肉（かたまり） 200g
水　4カップ
しょうゆ　大さじ1
ねぎ　7cm
こしょう　少々
糸唐辛子　少々

作り方

①もやしはサッと茹でてみじん切りにし、豆腐は布巾に包んで絞る。
②キムチと①を合わせ、水気を絞る。
③ボールに挽き肉、すりごま、ごま油と②を入れ、よく混ぜる。
④餃子の皮の中央部分に③を小さじ山盛り1杯ほどのせて半分に折り、合わせ目は水で濡らして閉じる（写真）。

【焼餃子】
⑤フライパンに餃子と水大さじ4を入れて中火で5分焼き、サラダ油を入れ、キツネ色になるまで焼く。

【水餃子】
⑤鍋に水を入れて沸騰させ、牛肉を入れて柔らかくなるまで茹でる。
⑥しょうゆとこしょうを加え、餃子をひとつずつ落とす。最後に斜め薄切りにしたねぎを入れる。
⑦餃子が浮き上がってきたら、器に餃子とスープを入れ、糸唐辛子を飾る。

◆ポイント

●挽き肉の状態で少しだけ口に含んで味見をし、好みで塩を加えてください。

●白菜キムチの代わりに、ニラキムチでもおいしく作れます。

キムチコロッケ

みじん切りにしたキムチを入れて、ひと味違うコロッケに。ビールにもよく合います。

材料（2人分）

キムチ（みじん切り）　120g
豚挽き肉　60g
じゃがいも　200g（中2個）
ごま油　小さじ1
こしょう　少々
衣
- 小麦粉　20g
- 卵　1個
- パン粉　10g

作り方

①挽き肉にキムチ、ごま油、こしょうを入れて炒める。
②ボールに茹でたじゃがいもを入れて潰し、①を加え混ぜる。
③形を丸くして、小麦粉、溶き卵、パン粉の順に衣をつけて、160〜170℃の油で揚げる。

◆ポイント
コロッケを揚げる油は、塩を少し入れてみて、パッと散れば適温です。

お馴染みおかず

お馴染みおかずがさらにおいしく

ロールキムチトマトソース

カットしていない葉のままのキムチで、ロールキャベツならぬロールキムチを作ってみました。トマトソースと相まって、さっぱりとした味に仕上がります。

材料（2人分）

キムチ（葉っぱのまま）　4枚
合挽き肉　100ｇ
木綿豆腐　1/4丁
卵　黄身1個分
にんにく（みじん切り）　小さじ1/2
こしょう　少々
塩　小さじ1
トマトソース
- キムチ汁　大さじ2
- トマト（みじん切り）　1/4個
- ケチャップ　大さじ1

オリーブ油　大さじ1

作り方

①豆腐は布巾で包み、水気をよく切る。
②ボールに合挽き肉、豆腐、卵の黄身、にんにく、こしょう、塩を入れ、かたまりがなくなるまでよく混ぜる。
③両手でたたいて空気を抜きながら、直径3cm、長さ5cmくらいの俵型にする。
④キムチの葉っぱを広げて茎の部分に③をのせて巻く。
⑤鍋にオリーブ油と④を入れ、キムチの色が変わるまで弱火にかける。
⑥⑤にトマトソースの材料を加えて弱火にかけ（写真）、フタをして15分ほど煮込む。
⑦皿に盛り、ソースをかける。

牡蛎のグラタン キムチソース

牡蛎は韓国でもよく使われる食材です。キムチと重ねて焼けば、ちょっとしたおもてなしメニューのできあがり。

材料（2人分）

キムチ（幅1cm大） 100ｇ
コチュジャン　小さじ1
牡蛎　180ｇ
マヨネーズ　60ｇ
オリーブ油　大さじ5
パン粉　50ｇ

作り方

①フライパンにオリーブ油大さじ1を熱し、キムチとコチュジャンを炒める。
②耐熱容器に牡蛎とオリーブ油大さじ4を入れ、①をのせる（写真）。
③パン粉とマヨネーズを混ぜて、②にのせる。
④180℃のオーブンで表面がキツネ色になるまで（約20分）焼く。

キムチ炊き込みご飯

具材をお米と混ぜて炊くだけの、簡単メニュー。キムチとヤンニョムジャンで、炊き込みご飯も本格韓国料理に仕上がります。

材料（2人分）

キムチ（一口大） 200g
キムチの汁　大さじ2
米　2カップ
豚ばら肉　100g
豆もやし　200g
水　320cc
ヤンニョムジャン
- しょうゆ　大さじ3
- 唐辛子粉　小さじ1
- ごま油　小さじ1
- 煎りごま　小さじ1/2
- ねぎ（みじん切り） 小さじ1

あさつき（小口切り） 少々

作り方

①米を洗ってザルに上げ、水気をよく切る。
②5mm幅に切った豚肉とキムチの汁を合わせておく。
③炊飯器に米、豆もやし、キムチ、豚肉の順でそれぞれ半量ずつ入れる。同様の順番で残りも加え、水を入れて炊く。
④ボールにヤンニョムジャンの材料を入れて混ぜておく。
⑤ご飯が炊けたら器に盛り、あさつきを散らす。食べるときにヤンニョムジャンをかける。

◆ポイント

水の分量は、白いご飯を炊くときの3/4が目安。ただし、豆もやしの太さによっては調節が必要。豆もやしが太い場合は、水の量を減らしてください。

ビビンバ

韓国ではビビムパッといい「混ぜご飯」という意味。その名のとおり、ご飯の上にナムルや肉をのせて、混ぜ合わせて食べます。具だくさんで、体にも嬉しいパワーアップの一品。

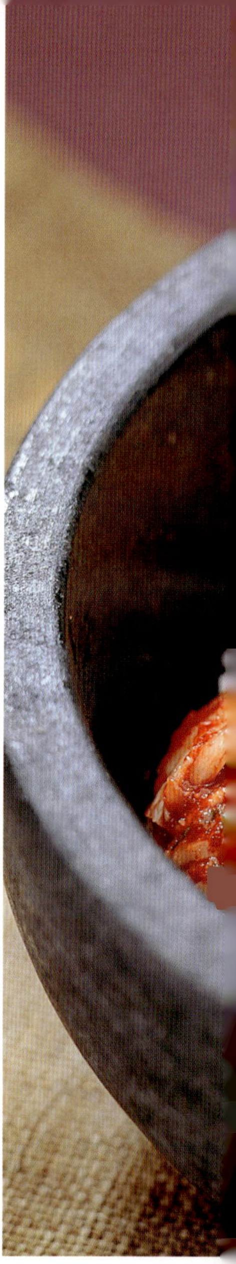

材料（2人分）

キムチ（一口大） 50g

- ズッキーニ　1/3本
- アミ塩　20g
- ごま油　小さじ1

- 大根　1/5本（約100g）
- 塩　小さじ1/2
- ごま油　小さじ1

- ほうれん草　60g
- 塩　小さじ1
- ごま油　小さじ1

- 卵　1個
- 塩　少々

- 牛挽き肉　30g
- しょうゆ　小さじ2
- みりん　小さじ1
- こしょう　少々
- ごま油　小さじ1

- コチュジャン　大さじ1
- ごま油　大さじ1
- 煎りごま　少々

ご飯　150g

作り方

①ズッキーニは縦半分に切って斜め薄切りにし、ごま油で炒めながらアミ塩を加えて、色が変わるまで炒める。

②大根は少し太めのせん切りにし、塩を振って2分ほど置く。鍋にごま油と大根を入れ混ぜた後、中火で3分ほど煮て大根ナムルを作る。

③ほうれん草は塩茹でし、冷たい水で冷ます。水気を切って、ごま油と合わせる。

④卵はほぐして塩少々を加え、焼いて錦糸卵にする。

⑤挽き肉はしょうゆ、みりん、こしょう、ごま油と合わせて炒める。

⑥コチュジャンはごま油、煎りごまと混ぜておく。

⑦器にご飯を入れ、キムチと①②③④をのせ、真ん中に⑤⑥をのせる。彩りに生唐辛子を飾る。

◆ポイント

- アミ塩がなければ、普通の塩でもOK。ただしアミ塩のほうが、甘味があり、味に深みが出ます。
- ごま油は好みで追加しましょう。
- 食べるときはよく混ぜて。ナムルとキムチ、ご飯、コチュジャンが、まんべんなく絡み合ったものこそがビビンバです。

食欲そそるごはんもの

キムパッ（海苔巻）

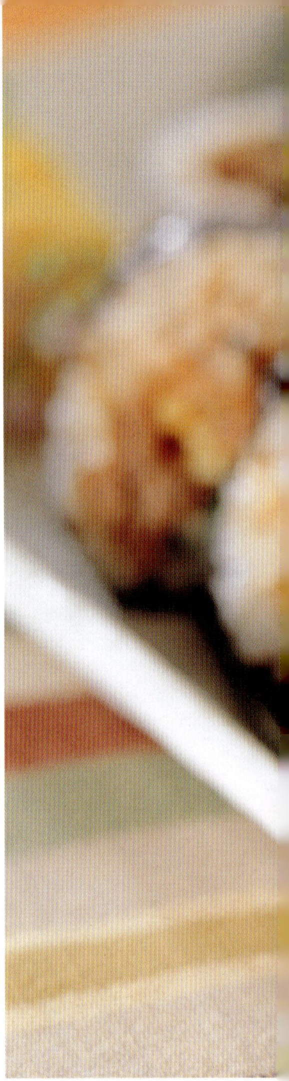

のり巻きに酸っぱくなったキムチを入れると、さっぱり味に仕上がります。キムチの赤色が見た目にもきれいです。

材料（2人分）

- ご飯　300g
- 合わせ酢
  - 酢　大さじ2
  - 砂糖　小さじ1
  - 塩　小さじ1/2
- キムチ（せん切り）　90g
- ごま油　小さじ1
- ほうれん草　60g
- 塩　少々
- 卵　1個
- 塩　少々
- ごま油　小さじ1
- 牛挽き肉　50g
- しょうゆ　小さじ2
- みりん　大さじ1
- ごま油　小さじ1
- 海苔　2枚
- 煎りごま　少々

作り方

①ご飯に合わせ酢を回しかけて、切るように混ぜる。
②フライパンにごま油を熱し、キムチを3分ほど炒める。
③ほうれん草は塩茹でし、冷たい水で洗って水分を絞る。
④卵はほぐして塩を加え、ごま油をひいたフライパンで5mm強の厚さに焼き、10cm幅に切る。
⑤挽き肉はしょうゆ、みりん、ごま油を入れてフライパンで炒める。
⑥まきすに海苔の表を下にして置き、2等分した①をのせ、真ん中に②③④⑤の各1/2量をのせる（写真）。
⑦手で押さえながら具が中央になるように巻いていき、手で押さえて形を整える。
⑧1.5cm厚さに切り、切った面に煎りごまを振りかける。同じ要領でもう1本作る。

キムチチャーハン

具材があまりなくても、キムチさえあれば、おいしいチャーハンが簡単に作れます。コチュジャンがこげないように注意しながら、キムチはササッと炒めましょう。

材料（2人分）

キムチ（一口大）80g
コチュジャン　大さじ1
ごま油　大さじ1
ご飯　250g
ねぎ（白髪ねぎ）6cm
錦糸卵・海苔・レモン　各適量

作り方

①熱したフライパンにごま油とキムチ、コチュジャンを入れて、キムチの色が変わるまで炒める。
②ご飯を入れ混ぜる。
③火を止めてから白髪ねぎを加える。
④好みによりしょうゆで味の調節をし、錦糸卵と海苔、レモンを飾る。

キムチカレー

永遠の定番メニュー、カレーともよく合うキムチ。
いつものカレーにまろやかさとコクが加わります。

材料（2人分）

キムチ（一口大）200g
玉ねぎ　中サイズ1個
にんじん　1/2本
肉　100g
バター　大さじ1
カレールウ　40g
水　2カップ

作り方

①玉ねぎはくし形に、にんじんは1cm幅の半月切りに、肉は一口大に切る。
②厚手の鍋にバターを熱し、①の材料とキムチを入れ、5分ほど炒める。
③水を加え、沸騰したらアクを取り、中火で20分ほど煮込む。
④一旦火を止め、カレールウを入れて溶かす。
⑤再び火をつけて弱火で5分ほど煮、皿にご飯とカレーを盛る。

水冷麺

酸っぱくなった白水キムチの汁の、スーッとした清涼感が冷麺の味を引き立てます。夏はもちろん、冬の寒い日に温かい部屋で食べるのもおすすめ。

材料（2人分）

キムチ（細切り） 60g
白菜白水キムチ（汁と合わせて）760g
生冷麺　360g
梨（薄切り） 1/4個
きゅうり（薄切り） 8cm
茹で卵　1個
レモン・糸唐辛子　各適量

作り方

① 沸騰したたっぷりのお湯に冷麺を入れて50秒くらい茹で、冷水にとってぬめりをもみ洗いし、ザルで水気を切る。
② 器に麺を入れ、上にキムチ、梨、きゅうり、半分に切った茹で卵をのせ、白菜白水キムチを汁ごと注ぐ。レモンと糸唐辛子を飾る。

◆ポイント
白水キムチの汁の代わりに、市販されている冷麺のスープを使っても、おいしくできます。

キムチうどん

あつあつで消化に良いキムチ入りのうどんは、体の芯からあたたまる一品。風邪のときなどにもおすすめです。

材料（2人分）

キムチ（一口大）　150g
ねぎ（斜め切り）　7cm
油揚げ　2枚
茹で卵　1個
濃縮めんつゆ　大さじ4
水　3カップ
茹でうどん　2玉

作り方

①鍋に水を入れて沸かし、めんつゆとキムチを加えて15分ほど煮込む。
②①にうどんを加えてひと煮立ちさせる。
③②を器に入れ、しょうゆと砂糖で味付けした油揚げ、キムチ、ねぎ、半分に切った茹で卵をのせる。好みで唐辛子粉やぎんなんを飾る。

◆ポイント
味が薄い場合には、めんつゆで調節しましょう。

納豆キムチスパゲティ

キムチは、同じ発酵食品である納豆とも相性抜群。発酵の進んだキムチの酸味が、スパゲティをあっさり味にしてくれます。

材料（2人分）

キムチ（幅1cm大） 100g
納豆　40g
オリーブ油　大さじ2
スパゲティ　200g
コチュジャン　小さじ1
しょうゆ　小さじ1

作り方

① フライパンにオリーブ油を熱し、キムチを炒める。
② 3分ほど炒めたらコチュジャンとしょうゆを入れ、さらに1分ほど炒める。
③ 火を止めてから、納豆を入れ混ぜ合わせる。
④ 茹でたスパゲティに③を少し加えて混ぜ合わせ、皿に盛って③をのせる。彩りにかいわれやラディッシュを飾る。

◆ポイント

納豆に含まれるナットウキナーゼという酵素は、血液をサラサラにするはたらきがあります。ただし、熱に弱いので、納豆は火を止めてから加えましょう。

ビビン麺(そうめん)

食欲のなくなりがちな夏場に、大活躍するそうめん。めんつゆで食べるだけでは飽きてしまうので、たまにはキムチを活用してみましょう。栄養バランスもアップします。

材料(2人分)

キムチ(幅1cm大) 200g
そうめん 200g
梨(薄切り) 1/6個
きゅうり(細切り) 4cm
コチュジャン 大さじ1 1/2
ごま油 大さじ1
キムチ汁 大さじ2
砂糖 小さじ1

作り方

①たっぷりの湯にそうめんを入れて、かために茹で、冷水にとってぬめりをもみ洗いし、ザルで水気を切る。
②ボールにキムチ、コチュジャン、ごま油、キムチ汁、砂糖を入れ、よくかき混ぜる。
③皿にそうめん半分を渦巻くように盛り、上に②の半分をのせる。
④残りのそうめん半分は②の残りと混ぜて皿に盛り、きゅうりと梨を飾る。

キムチ焼きそば／うどん

冷蔵庫の野菜が少ないときは、キムチを具材に加えましょう。ピリ辛味が加わって、ちょっと大人向けの焼きそばに。

材料（2人分）

キムチ（一口大） 30g
焼きそば麺（又はうどん） 100g
豚肉（一口大） 30g
キャベツ（ざく切り） 50g
ピーマン（細切り） 1個
サラダ油　大さじ1
オイスターソース　小さじ1
しょうゆ　小さじ1

作り方

① 熱したフライパンにサラダ油を入れ、豚肉、キムチ、キャベツ、焼きそば麺の順に入れる。
② キャベツが柔らかくなったらよく混ぜながら炒め、オイスターソースとしょうゆで味付けする。
③ 最後にピーマンを入れて強火でサッと炒め、皿に盛る。お好みで紅しょうがを添える。

キムチ鍋

寒い季節には、あったかい鍋ものが一番。発酵の進んだキムチがあれば、本場の味が楽しめます。ラーメンや春雨を入れるのもおすすめ。

材料（2人分）

キムチ（一口大）300g
豚ばら肉（かたまり）100g
韓国春雨　20g
豆腐　1/3丁
万能ねぎ　2本
コチュジャン　小さじ2
ごま油　大さじ1
水　2カップ

作り方

①豚肉は角切りにしてコチュジャンと混ぜておく。
②鍋に①とごま油を入れて炒め、肉の色が変わったらキムチを加えてさらに中火で10分ほど炒める。
③②に水を加えて強火にし、10分ほど煮る。
④韓国春雨は食べやすい長さに切って50〜60℃のお湯に20分ほど浸けておく。
⑤③の上に、食べやすい大きさに切った豆腐、5cm長さに切った万能ねぎ、④をのせ、強火で5分ほど煮て、火を止める。

キムチチヂミ

「粉を溶いて薄く焼いたもの」という意味のチヂミ。生地に混ぜるキムチは、白菜の代わりにニラやねぎのキムチもよく合います。

材料（2人分）

キムチ（幅1cm大）　50g
キムチ汁　大さじ2
豚ばら肉（薄切り）　30g
生地
- 小麦粉　1/2カップ
- もち米粉　大さじ1
- 水　1/4カップ

ごま油　大さじ1
ヤンニョムジャン
- しょうゆ　50cc
- ごま油・みりん・酢　各小さじ1
- 煎りごま　小さじ1
- 唐辛子粉　小さじ1

作り方

①ボールに生地材料を入れて混ぜ、さらにキムチとキムチ汁を加えてよく混ぜる。
②熱したフライパンにごま油大さじ1/2をひき、①の生地を薄くのばして豚肉をのせる。
③生地の周りが乾いてきたら裏返し（写真）、残りのごま油を足してこんがり焼く。
④ヤンニョムジャンの材料を混ぜ合わせる。
⑤③を食べやすい大きさに切り、彩りでレタスやレモンを飾る。④をつけて食べる。

◆ポイント

- 多めの油で焼くと、パリっと仕上がります。ギュッとフライパンに押し付けながら焼きましょう。
- 生地は、直径24cmのフライパンなら直径7cmのお玉で2杯分くらいを薄く伸ばしましょう。
- 豚肉の代わりに、イカやタコ、牡蛎をのせてもおいしくできます。

茹で豚肉のキムチ巻き

韓国では、キムチ作りで家族や親戚が集まると、よくこれを作って食べます。作るのも食べるのも簡単なので、忙しいときにはもってこいの一品です。

材料（2人分）

キムチ（葉っぱのまま） 100g
豚ばら肉（かたまり） 500g
にんにく　3粒
しょうが　10g
味噌　小さじ1/2
インスタントコーヒー　小さじ1/2
サニーレタス　5枚

作り方

①鍋に豚肉、にんにく、しょうが、味噌、コーヒーを入れ、豚肉が沈むくらい水を入れて強火にかける。
②アクを取りながら、豚肉が柔らかくなるまで煮る。
③箸をさして、濁った汁が出なくなったら弱火にして、10分ほど煮る。
④火を止めて豚肉を取り出し、布巾に巻いて冷ましたら、5㎜幅に切る。
⑤皿に豚肉と葉っぱのままのキムチを盛る。
⑥サニーレタスにキムチと豚肉を巻いて、またはキムチに豚肉だけ巻いて食べる。

◆ポイント

●豚肉と一緒にインスタントコーヒーを入れると、肉の臭みがとれます。

●茹で上がった豚肉を布に巻いて冷ますことで、肉の形を整えます。

ビジチゲ（大豆チゲ）

豚カルビを、細かくした大豆と一緒に煮込むビジチゲは、栄養満点のスタミナ料理。ピリ辛のヤンニョムジャンをかけて食べましょう。

材料（2人分）

キムチ（一口大）　200g
乾燥大豆　100g
骨付き豚カルビ　400g
しょうが　10g
水　6カップ
ごま油又はエゴマ油　大さじ1
ヤンニョムジャン
- しょうゆ　大さじ3
- 唐辛子粉　小さじ1
- ごま油　小さじ1
- 煎りごま　小さじ1/2
- ねぎ（みじん切り）　小さじ1

作り方

①大豆は洗って一晩水に浸けた後、手もみして皮を取り、浸けてあった水を加えながら、粒が多少残るくらいになるまで、ミキサーにかける。
②鍋に水としょうがを入れて沸騰させ、豚カルビを加え、30分ほど煮る。
③熱したフライパンにごま油を入れ、キムチを色が変わるまで炒める。
④②に①と③を加えて、沸騰したら弱火にし、15分ほど煮る。
⑤ヤンニョムジャンの材料を混ぜ合わせる。
⑥④を器に盛り、ヤンニョムジャンで味を調節しながら食べる。

まぐろと キムチ汁和え

酸っぱくなったキムチの汁は、まぐろとも好相性。ぶつ切りのまぐろと和えるだけで、簡単でおいしいおかずができます。

材料（2人分）

キムチ汁　大さじ3
まぐろ（ぶつ切り）150ｇ
ねぎ（白髪ねぎ）5cm
さしみじょうゆ　大さじ1
レモン薄切り　適量

作り方

①まぐろはさしみじょうゆと混ぜておく。
②ボールにキムチ汁を入れ、①を和える。
③皿に盛り、レモンとねぎをのせ、好みでレモン汁を加える。

オイキムチとタコの和えもの

オイキムチとタコの歯ごたえが楽しめる、さっぱり味の一品。春菊も入れて、香り良く仕上げましょう。

材料（2人分）

オイキムチ　100g
茹でダコ　200g
春菊　30g
砂糖　小さじ1
酢　小さじ1/2

作り方

① オイキムチは切り目通りに割いて（写真）ボールに入れ、砂糖と酢を混ぜる。
② タコは薄切りに、春菊は食べやすい大きさに切る。
③ ①に②を加えて混ぜ、皿に盛る。彩りに葉のままの春菊とレモンを飾る。

キキョウキムチと割きイカの和えもの

キキョウの根で作ったキキョウキムチは、軽い苦みと歯ごたえが、ちょっぴり大人の味。お酢とも相性が良く、食欲を増進させます。

材料（2人分）

キキョウキムチ　200g
割きイカ　100g
酢　小さじ1

作り方

①ボールにキキョウキムチと割きイカを入れて、よく混ぜる。
②①にお酢を加え混ぜ、皿に盛る。彩りにねぎを飾る。

◆ポイント
キキョウキムチが手に入らなければ、切干大根をキムチにして、作ってみましょう。唐辛子や砂糖で味つけした大根の千切りを使っても、似た食感が楽しめます。

和食

和食にキムチで新食感

さばのキムチ煮

和食の定番、煮魚を、キムチでアレンジしてみましょう。キムチが魚の臭みを消し、さっぱり味に仕上がります。

材料（2人分）

キムチ（千切り） 50g
さば 2切れ
ねぎ（斜め切り） 3cm
しょうゆ 大さじ2
みりん 大さじ1
コチュジャン 大さじ1
白味噌 小さじ1
水 1カップ

作り方

① 鍋に水とキムチを入れて沸騰させ、しょうゆ、みりん、コチュジャン、白味噌を加える。
② ①にさばとねぎを入れ、アクを取りながら15分ほど煮る。
③ ②を皿に盛って、彩りに半分に切ったオクラを飾る。

◆ポイント

- さばの代わりに太刀魚や金目鯛、銀だら、カレイでもおいしくできます。
- 鍋にキムチを入れて沸騰させるときに、大根を加えてもいいでしょう。

大根煮のキムチ味噌のせ

中まで汁のしみ込んだ、柔らかい大根に、キムチと挽き肉入り味噌をのせて食べます。キムチ入りの味噌は、ご飯や麺類の薬味にしてもいいでしょう。

材料（2人分）

キムチ（みじん切り） 30g
大根　12cm
煮干　30g
しょうゆ　大さじ1
合い挽き肉　10g
ごま油　少々
味噌　大さじ1
水　2カップ

作り方

①鍋に、頭とはらわたを取った煮干と水を入れ、中火で15分ほど煮出してだしをとる。
②大根は3cm幅に切って面取りし、①に入れて、しょうゆを加え、柔らかくなるまで煮る。
③熱したフライパンにごま油、キムチ、挽き肉、味噌を加えて炒める。
④器に②のスープと大根を盛り、③をのせ、彩りにねぎや木の芽を飾る。

キムチ入り卵焼き

キムチを巻いた卵焼きは、見た目もきれいなうえ、お弁当に入れても臭いがあまり気になりません。朝食の一品としてもどうぞ。

材料（2人分）

キムチ（葉っぱのまま） 4枚
卵　3個
塩　少々
サラダ油　小さじ2

作り方

①卵は溶いて、塩を加えてかき混ぜる。
②熱したフライパンにサラダ油小さじ1を入れ、①の1/3量を流し入れる。
③②の真ん中にキムチをのせ、さらに1/3の①を入れて、キムチが真ん中になるように、手前から巻いていく。
④サラダ油小さじ1を足して、残りの卵を全部入れ、さらに卵を巻く。
⑤幅2cmに切り、皿に盛る。好みで大根おろしを添える。

◆ポイント
卵を焼くときの火加減は、始めは中火で、しばらくしたら弱火にしましょう。

和食

和食にキムチで新食感

肉詰め豆腐のキツネ焼き

切れ目を入れた豆腐に具を挟み、こんがりと焼き上げます。おかずが物足りないときにも活躍する、スピードメニュー。

材料（2人分）

キムチ（みじん切り）　80g
木綿豆腐　1/2丁
豚挽き肉　30g
コチュジャン　大さじ1
ごま油　小さじ1
サラダ油　大さじ2

作り方

①挽き肉にキムチ、ごま油、コチュジャンを入れて混ぜる。
②豆腐は4等分して、真ん中に切れ目を入れる。
③豆腐の切れ目に①を詰める。
④熱したフライパンにサラダ油を入れ、フタをして、豆腐を両面がキツネ色になるまで焼く。
⑤食べやすいサイズに切り、塩で味を調節する。

納豆キムチ

混ぜ合わせるだけの一品で、ご飯も進みます。キムチで納豆の臭いも和らぎます。

材料（2人分）

キムチ（幅1cm大）　100g
納豆　80g
納豆しょうゆ　1袋
ねぎ（白髪ねぎ）　少々

作り方

①器に納豆とキムチを入れ、かき混ぜる。
②①に納豆しょうゆを加えて混ぜる。
③ねぎをのせ、熱いご飯の上にかけて食べる。

キムチピザ

キムチとチーズは相性抜群。簡単なので、朝食にもおすすめです。

材料（2人分）

キムチ（幅1cm大） 150ｇ
トマトケチャップ　大さじ1
オリーブ油　大さじ2
食パン　2枚
ピザチーズ　320ｇ
ピーマン（薄切り） 適量

作り方

①フライパンにオリーブ油を熱し、キムチを炒める。
②3分ほど炒めたら、トマトケチャップを入れ1分ほど炒める。
③食パンの上に②を広げる。
④ピザチーズとピーマンをのせ、トースターで5分ほど焼く。

◆ポイント
オリーブ油で炒めたキムチを冷凍しておくと、コロッケやスパゲティ、ピロシキなどにも使えます。

もちとチーズのキムチ春巻き

チーズともちのとろりとした食感が楽しめるうえ、パリパリの皮がたまりません。キムチも一緒に巻いてあるので、味つけも不要です。

材料（2人分）

キムチ（千切り） 80g
春巻きの皮　4枚
もち　100g
スライスチーズ（溶けるもの） 4枚
オリーブ油　大さじ2

作り方

①フライパンにオリーブ油大さじ1を入れて熱し、キムチを加えて炒め、色が変わったら火を止める。
②春巻きの皮に①ともち各1/4、チーズ1枚をのせて巻く（写真）。
③熱したフライパンにオリーブ油大さじ1をひき、②をキツネ色になるまで焼く。

キムチペンネ

イタリアンの味つけにも、不思議とキムチはよく合います。ペンネの代わりにマカロニを使えば、手軽なお惣菜風の一品に。

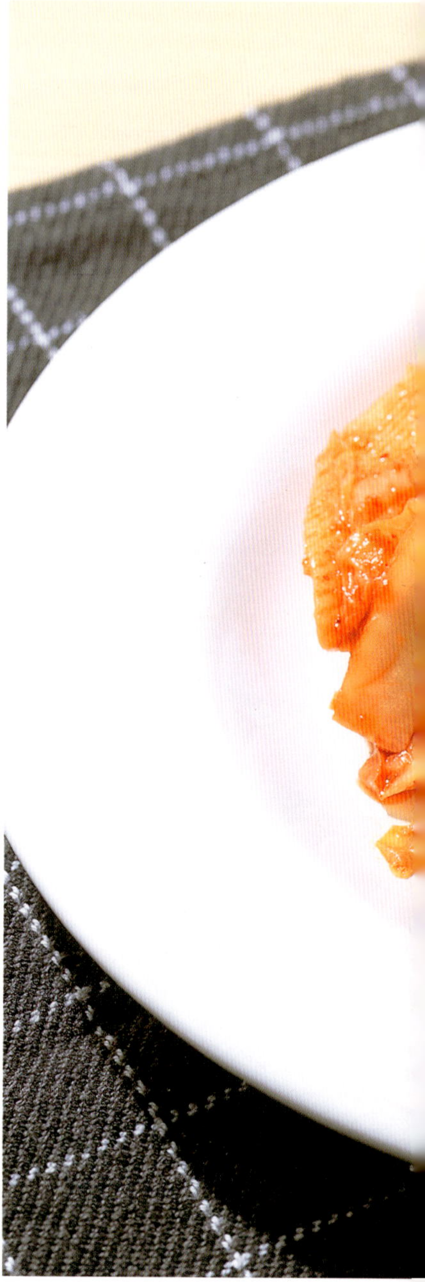

材料（2人分）

キムチ（幅1cm大） 100g
にんにく（みじん切り） 2片
オリーブ油　大さじ3
ホールトマト（缶詰） 100g
塩　少々
ペンネ（又はマカロニ） 150g
唐辛子粉　小さじ1
イタリアンパセリ　少々

作り方

①熱したフライパンにオリーブ油を入れ、にんにくとキムチを炒める。
②①にホールトマトを加え、潰しながら、水分がなくなるまで（強火で約3分）炒める。
③ペンネは塩少々を加えた湯で茹で、水気を切る。
④③を②に加えてからめ、塩と、好みで唐辛子粉を加え、皿に盛る。きざんだイタリアンパセリを散らす。

豆腐キムチ

ときには冷奴に、キムチをのせてみてはいかがでしょう。コチュジャンとしょうゆの甘辛さが、お酒ともよく合います。

材料（2人分）

キムチ（幅1cm大） 100g
木綿豆腐　1丁
しょうゆ　小さじ1
ごま油　小さじ1
コチュジャン　大さじ1
ごま　小さじ1

作り方

①熱したフライパンにごま油、キムチ、しょうゆ、コチュジャンを入れて炒める。
②豆腐は水切りして、一口大に切る。
③②を皿に盛り、①を上にのせる。
④好みでごまを振りかける。

キムチスープ

キムチ入りのスープは、軽い酸味が魅力。
さっぱり味で、食欲増進にも役立ちます。

材料（2人分）

キムチ（一口大） 150g
豆もやし　50g
煮干　30g
ごま油　少々
しょうゆ　大さじ1
ねぎ（斜め薄切り） 少々
水　3カップ

作り方

① 鍋に、頭とはらわたを取った煮干と水を入れ、中火で15分ほど煮てだしをとる。
② ①にキムチと豆もやしを加え、フタを閉めて15分ほど煮る。
③ しょうゆで味を調え、ねぎとごま油を加えてすぐに火を止め、器に盛る。彩りにかいわれをのせる。

キムチに最適な韓国の野菜

韓国人は世界一、野菜を食べる国民だといわれます。食卓にはさまざまな野菜を使った何種類ものキムチをはじめ、サンチュ、ねぎ、ワカメといった食材が日常的に並べられ、コチュジャンなどをつけて食べるのです。

韓国の野菜の特徴は、小ぶりで硬いものが多いこと。日本の野菜と比較すると、大根は太くて短く、白菜は3分の2くらいの大きさ、ねぎも3分の2の長さ、ニラは5分の1～6分の1の太さしかありません。さらに、全体的に甘みと香りが強く、野菜本来の味が楽しめるものが、多いといえるでしょう。

しかしなぜ、韓国ではそういう野菜が穫れるのでしょうか。

その答えは、韓国の土に隠されています。韓国は雨が少なく、豊かとはいえない土壌で、土の色は赤色を帯びています。そういう土壌で野菜が作られるため、生産率は決して高くないのです。しかしだからこそ、生命力が強いものが育ち、野菜がおいしいのだともいわれています。

もうひとつ、韓国では、自然に近い状態で作られた野菜が、比較的好まれることも、理由としてあげられるでしょう。韓国では、きゅうりは白っぽい黄緑色をしており、少し曲

白菜

韓国の白菜畑

がっているものがおいしいとされますが、日本で店頭に並ぶきゅうりは、そのほとんどが、真っ直ぐで濃い緑色をしています。これは日本では、形状の美しいものが好まれることや、曲がっているきゅうりは箱詰めしづらく、コストがかかることなどから生まれた形なのです。

キムチの主原料である白菜も、韓国のものは小ぶりです。そのうえ緑色の葉の部分が多く、葉の巻きがゆるやかなので、水分が少ないのが特徴です（81頁写真参照）。

韓国の野菜と日本の野菜、どちらがおいしいということはありませんが、水分の少ないものが最適とされるキムチの材料に関していえば、韓国産に勝るものはないようです。ですからキムチを作るときは、韓国の野菜に近いものを選ぶことも、おいしさのポイントといえるかもしれません。

きゅうり

ねぎ

チョンガッ

唐辛子

大根

「本格キムチ作りに挑戦！」

素材のバリエーションも豊富で、一年中楽しめるキムチですが、正統派、白菜のキムチ作りの旬は、材料の野菜が一番おいしい、11月下旬から12月初旬。韓国にはキムチ作りのシーズン前に、「キムジャンボーナス」が出る企業もあり、親戚総出で何十株、何百株もの白菜を漬けるのです。最近は売られているものを買う人も多くなりましたが、やっぱり手作りの味は格別。コツさえつかめば意外と簡単なので、ぜひ“我が家の味”に挑戦してみてはいかがでしょうか。

白菜キムチ

キムチといえば、なんといっても白菜キムチ。塩漬けした白菜の葉と葉の間に、唐辛子粉やにんにくで作ったヤンニョム（薬念）を塗り込んで作ります。地方によって味付けやヤンニョムの材料は異なりますが、韓国全域で漬けられる代表的なキムチです。

材料（白菜１株分）

白菜　中１株
大根　1/2本
万能ねぎ　１束
塩　300ｇ

【ヤンニョム】
唐辛子粉
- 粗挽き　80ｇ
- パウダー　80ｇ

いわしエキス　100cc
アミ塩　50ｇ
にんにく（みじん切り）　30ｇ
しょうが（みじん切り）　10ｇ
長ねぎ（粗みじん切り）　1/2本
塩　10ｇ
砂糖　10ｇ
水（約35℃）　1/2カップ

■材料について

◯唐辛子粉は、パウダーは色づきがよく、粗挽きのものは歯ごたえが楽しめるので、二種類を一緒に使います。

◯ヤンニョムに入れる水は、体温くらいの温度のものを使うと、唐辛子粉が混ざりやすく、色づきが良くなります。

◯いわしエキス（鰯と塩を発酵して作る調味料）とアミ塩（アミを塩漬けにして作る発酵食品）は、キムチの発酵を促すとともに、味に深みを出し、塩味をつけます。

◯夏場は白菜が傷みやすいので、ヤンニョムの塩と砂糖の分量を1.5倍にしましょう。

■白菜の選び方

白い茎の部分が薄く、葉の部分は緑色が濃いものがキムチに適した白菜です。茎が短くて厚いものは、水分が多過ぎるので日持ちしません。できれば断面を見て、葉と葉の間がスカスカで、詰まっていないものを選びましょう。

韓国の白菜（手前）と日本の白菜。小さくて茎の薄い韓国の白菜は、キムチを漬けるのにぴったり

韓国の白菜は巻きがゆるく、葉が少し開き気味

その他のヤンニョムの材料

ヤンニョムの材料は、地域や家庭によって違います。ここで紹介するのは最もシンプルなものですので、お好みで下記のような材料を加えてみましょう。

◯**ニラ、セリ**／ヤンニョムとして、よく使われる材料です。新鮮な味が楽しめますが、味が変わりやすく長持ちしなくなります。これらを入れたキムチは、2週間くらいで食べ切りましょう。

◯**梨**／千切りにしてヤンニョムに混ぜると、マイルドな味に仕上がります。

◯**からし菜**／キムチに辛さと苦みが加わり、食欲をそそります。

◯**さつまいも**／千切りにして入れると、酸っぱくなるのを抑える効果があります。

作り方

a

1　白菜は根元に包丁で切り込みを入れ、親指を差し込んで半分に割る。

2　葉と葉の間に塩を振り（写真ａ）、２リットルの水に塩300ｇを入れた塩水に漬け、６時間後に白菜の上下を入れ替える。

b

3　３時間後、白菜を容器から出して水で洗い、軽く絞ってザルなどに上げ、水切りする（写真ｂ）。

c

4　ボールにヤンニョムの材料を入れ、混ぜ合わせる。

5　４に、２cmくらいに切った万能ねぎを入れて混ぜる（写真ｃ）。

d

6　白菜の一番外側の葉っぱを２枚取り除き、白菜の葉と葉の間や外側に、ヤンニョムをまんべんなく塗る（写真ｄ）。

e

7　白菜を半分に折りたたみ、一番外側の葉でぐるっと全体を巻く（写真ｅ）。

f

g

8　壺や大きめのタッパーなどに白菜を入れる（写真ｆ）。

9　4cm×8cm×2cmくらいに切った大根で、ボールに残ったヤンニョムを拭き取り、8のキムチとキムチの間に入れる（写真ｇ）。

10　6で取り除いた２枚の葉かラップを一番上にのせ、軽く押して空気を遮断する。

11　容器のフタをして３～４日置く。

注意点

○10で空気をしっかり逃がさないと、異常発酵の原因になります。

○キムチは10℃以下の場所に置きましょう。冬場はベランダなど、外に置いてもいいでしょう。

○フタをして、３～４日は中を覗かないように。おいしさが逃げてしまいます。

ヤンニョム（薬念）と混ぜるだけの

アスパラキムチ

①アスパラガスを食べやすい大きさに切って、塩を入れたお湯にさっと通す。
②ヤンニョムと混ぜ合わせ、密閉容器に入れて２日ほど置く。

しめじキムチ

①小房に分けたしめじを塩を入れたお湯にさっと通し、水で洗う。
②ヤンニョムと混ぜ合わせて密閉容器に入れ、１日置く。
※２週間ほど過ぎて酸っぱくなってしまったら、スパゲティと混ぜて食べるとおいしいです。

簡単キムチ

ヤンニョムを作ったら（80頁参照）、密閉容器や空き瓶に入れて、冷蔵庫で保存しておきましょう。季節の野菜と混ぜ合わせれば、簡単にアイデアキムチが楽しめます。

キャベツキムチ

①キャベツを食べやすい大きさに切り、15%の塩水（1リットルの水に塩150 g）に1時間漬ける。

②水で洗って水気を切る。

③ヤンニョムと混ぜ合わせ、密閉容器に入れて１日ほど置く。

セロリキムチ

①セロリを食べやすい大きさに切り、15%の塩水（1リットルの水に塩150 g）に1時間漬ける。

②水で洗って水気を切る。

③ヤンニョムと混ぜ合わせ、密閉容器に入れて１日ほど置く。

キムチの種類あれこれ

キムチは、主原料の種類や形態、副材料の種類及び使い方によっていろいろと区分され、韓国の専門研究機関の調べによると、主原料による分類だけでも、187種類もあるといわれています。

北部では、唐辛子や魚の塩辛をあまり入れないキムチが多いのに対し、南部では、唐辛子や塩をたくさん使ってキムチを漬けるのが特徴。普通は寒い地域ほど辛いように思いますが、ソウルの北方にあった朝鮮王朝の影響を受け、北部のキムチは控えめで上品な味になったといわれます。

カットゥギ(カクテキ)

日本でもお馴染みの大根キムチ。大根を角切りにして漬けるので、ビタミンの破壊が少なくてすみます。

キュウリキムチ(オイ)

歯ごたえとさっぱりとした味が特徴の、夏のキムチ。酸っぱくなりやすいので、適当量を漬けるのがよいでしょう。56頁「オイキムチとタコの和えもの」で使用。

白菜大根混ぜキムチ

塩漬けした白菜と大根を薄く切り、香辛料と牡蛎、タコ、石持の塩辛などで漬けます。白菜カットキムチとカットゥギが一度に味わえるのが魅力。

チョンガッキムチ

根の小さいミニ大根、チョンガッで作る辛くて味の濃い韓国南部のキムチです。ヒシコの塩辛と唐辛子粉をたっぷり入れて作ります。19頁「チョンガッキムチの味噌炒め」で使用。

ボッサムキムチ

梨、栗、松の実、タコ、牡蛎、岩茸などの具を、白菜の葉で包んで発酵させた、北朝鮮・開城地方の代表的なキムチ。具は食べやすい大きさに切って包みます。

白水キムチ

白菜と梨を一口大に切り、薬味を入れ、汁を注いで作ります。酸味が出てきた汁は、冷麺のスープにしたり、そのまま飲めば、夏バテや二日酔いにも効果大。澄んだ汁がきれいで、味も淡白です。38頁「水冷麺」で使用。

切干大根キムチ

水で戻した切干大根を、ヤンニョムで漬けたキムチです。

おろぬき大根キムチ

おろぬき大根とは、根が肥大する前に間引いた小さな大根。歯ごたえの良さが魅力です。

キュウリ水キムチ

87頁掲載の白水キムチのきゅうり版。辛さがなく、さっぱりとした味が魅力。

ジャンキムチ(醤キムチ)

塩ではなく、しょうゆで漬けて味付けします。白菜や大根のほか、岩茸、タコ、ナツメなどが入る、具だくさんのキムチです。

ナバックキムチ

白菜、大根、きゅうり、梨、栗などが入ります。唐辛子粉を直接入れず、ガーゼに包んで漬けるので、薄い赤色がきれいです。

エゴマ醤油漬けキムチ

繊維質や鉄分の豊富なシソ科の植物、エゴマをしょうゆで漬けたキムチ。ご飯を包んで食べたり、海苔の代わりにおにぎりに巻いたりして食べます。

青唐辛子醤油漬けキムチ

青唐辛子を、酢を加えたしょうゆで3ヶ月以上漬けて作ります。

ニラキムチ

ニラを漬けた、香り豊かなキムチ。整腸作用があります。

ネギキムチ

ねぎの甘みとヤンニョムの辛さがよく合います。

キキョウキムチ

秋の七草のひとつとして知られる桔梗の根を使ったキムチ。58頁の「キキョウキムチと割きイカの和えもの」で使用。

ナスキムチ

なすの間にヤンニョムを挟んで漬けます。漬けるときに、あまり小さく切らないのが、おいしさの秘訣。

菜の花キムチ

塩漬けにした菜の花をヤンニョムで漬けて作ります。季節感たっぷりのキムチ。

ここで紹介したもののほか、韓国でよく食べられるものには、牡蛎キムチ、ごぼうキムチ、玉ねぎキムチ、からし菜キムチ（カッキムチ）、カブキムチ、小松菜キムチ、セリ水キムチなどがあります。

キムチQ&A

Q キムチの食べ頃はいつですか？　また、いつ頃まで食べられますか？

A 普通の白菜キムチなら、漬けて3〜4日目頃から食べられます。

2週間目くらいからは酸味が強くなってきますが、きちんと発酵しているキムチは、乳酸菌が雑菌を撃退するため、賞味期限がありません（法規制に基づく商品としての賞味期限はあります）。その証拠に、韓国では11月に漬けた白菜キムチを、だいたい6月くらいまで食べるのです。ただし、10℃以下で保存することが大前提。また、材料によって食べ頃はまちまちで、基本的に材料がシンプルなキムチほど、長い期間楽しめます。

Q キムチの最適な保存方法を教えてください。

A 一般家庭の冷蔵庫は4℃前後ですが、実際にはドアの開閉などにより、もう少し高い温度になってしまいます。そのため、キムチにとって最適な温度を保つために作られたのが、キムチ冷蔵庫。韓国では全世帯の約80%に普及しているといわれます。

普通の冷蔵庫で保存する場合は、チルド室での保存をおすすめします。冷蔵室で保存する場合には、カットしたキムチをタッパーなどの容器に入れ、外気の影響を受けにくい奥の方に入れておきましょう。すぐに食べるものだけは小さめの容器に入れて、取り出しやすい場所に。また、食べ残したキムチは、くれぐれも新しいものと一緒にしないようにしましょう。異常発酵の原因になります。

また、日本の漬け物は汁を捨てるものが多いですが、キムチの汁は捨てないでください。栄養がたっぷり入っているうえ、料理の味を引き立てる調味料としても活躍します。

Q 異常発酵しているキムチの見分け方を教えてください。また、キムチにカビが生えた場合は、捨てたほうがいいのでしょうか。

A どんなにきれいに消毒した工場で作っても、クエン酸などで発酵を抑えてあるキムチは、乳酸菌のはたらきが、あまり期待できません。一方、多少不衛生な状態で作られたとしても、正常に発酵しているキムチは、乳酸菌が食あたりやO-157の発生を防ぎます。

しかし、キムチを漬けるときに、しっかり空気を逃がさなかったり、食べ残したキムチをもとの容器に戻したりすると、異常発酵することがあります。異常発酵したキムチは、変な臭いがするので、おかしいなと思ったら、そのまま食べるのは避け、料理の材料として、火を通して食べましょう。

キムチにカビが生えたときも、慌てて捨てることはありません。黒いカビの場合は全て捨てなければいけませんが、白いカビの場合は、カビの生えている箇所だけを捨てましょう。他の部分はスープや鍋にして食べれば大丈夫。キムチの酸味が、かえって料理をおいしくします。

Q 白菜のホールキムチとカットキムチの違いは何ですか？

A ホールキムチは白菜を2分の1または4分の1くらいの状態で漬けたもの（写真）。カットキムチは、最初から白菜を小さく切ってから漬けたものです（4頁写真）。

カットキムチは作るのも食べるのも簡単で、味が平均的に仕上がりますが、ホールキムチは漬けるときに塩やヤンニョムの量にムラができるため、白菜の箇所によって味が異なります。ただし、昔から韓国では、キムチ作りにはできるだけ包丁を使わないのが、おいしさの秘訣とされています。理由は包丁の鉄分が野菜につくからとも、野菜の繊維質が分断されるからだともいわれますが、いずれにしても、深い味が楽しめるホールキムチは、作るのに手間がかかることもあり、一般的に、カットキムチに比べて値段も少し高めです。

また、キムチは同じ材料で作っても、量が多いとまろやかに、少ないと環境などに影響を受けやすいため、味が変わりやすくなります。ですからキムチは、できるだけたくさんの量を作ったり、買ったりすることをおすすめします。 急いで食べなくても、古くなって酸味が出てきたら、料理に使えばいいのです。

Q キムチを作るとき、ヤンニョム（薬念）に砂糖を加えるのはなぜですか？

A キムチは、ヤンニョムに加えるアミ塩やイワシエキスなどの動物性タンパク質の力によって、乳酸菌を作り出す天然の発酵食品です。ヤンニョムに加える砂糖は、いわば乳酸菌のエサ。本格的に発酵が始まるまで、アミ塩やイワシエキスを助けるもので、基本的に、甘みをつけるために加えるものではありません。ですから、甘みが強く、糖分が多い冬の白菜や大根でキムチを漬ける場合は、砂糖は入れなくても大丈夫です。

ちなみに、アミ塩やイワシエキスの代わりにアミノ酸が使われているキムチもありますが、自然のもののほうが生きる力が強く、長期間、発酵を助けるといわれています。

本物のキムチとは？

「5000年の歴史を有する韓国食文化を正しく伝承する架け橋になりたい」という理念のもとに活動してきた当在日本韓国食品協議会では、本書の出版に対し、期待と声援を送ります。

今、キムチは日本人の食生活にも定着しつつありますが、当協議会では、キムチの国際基準に対する問題点を指摘してきました。その結果、「本物のキムチとは何か？」という議論が多くのマスコミによって報道され、消費者が本物のキムチを求めるきっかけとなりました。

ここでいう本物のキムチとは、伝統的な製造方法で作られた「発酵した」キムチのことです。日本では、熟成を抑えた非発酵の浅漬けキムチが多く出回っていますが、大韓民国農林部の定めるところでは「キムチとは、塩漬けされた主原料に、薬味類を混合、低温で生成を通し発酵した食品」なのです。

しかし、キムチという名前だけが先行し、伝統製法で作られた発酵キムチと、発酵していない浅漬けキムチの違いは、日本の消費者の多くが、まだ知らないのが現実です。子どもの頃から家庭で漬けたキムチを食べ続けている韓国人が、本物のキムチかどうかを区別できるのは当たり前ですが、多くの日本人にとって、キムチは大人になってから、お金を払って食べる“商品”です。しかも新鮮な状態のキムチは、発酵と非発酵の差が少ないため、材料や製法をよく知らない日本人が、はっきり区別できないのも無理はないのかもしれません。

しかし幸い、本書に登場するキムチは発酵を大前提とし、どの料理も、発酵が進んだキムチを素材にすることで、味に深みが加わり、よりおいしく仕上がるものばかりです。

「キムチの命は発酵である」「添加物で発酵を装ったものはキムチではない」というモットーのもと、伝統的な製造方法で作られた発酵キムチを守り、その普及を目指す当協議会の運動は、いわば消費者運動であると自負しています。なぜなら伝統製法で発酵食品を作ることは、自然の味を守ることであり、ひいては家族の健康を守ることにもつながるからです。

本書の著者である崔誠恩先生は「手づくりで手間をかけて作ったものと、効率化を重視して作られた大量生産の食材や料理には大きな差がある」という考えをもち、伝統的な食材や製法を守りながら、韓国料理を広く伝えています。その崔先生の本によって「本物のキムチ」とともに手料理の良さが理解され、多くの家庭の食卓に、健康的でおいしい食事が並ぶことを願って止みません。

在日本韓国食品協議会会長
キㇺチ世界化フォーラム共同代表　金永悦

注意：在日本韓国食品協議会では、 伝統製法に基づく発酵キムチと、非発酵キムチを区別するため、本物のキムチについては「ム」を小さくした「キㇺチ」と表記していますが、本書ではすべて「キムチ」に統一させていただきました。

料理に使用した材料について

■キムチ汁

キムチの汁には、ビタミンなどの栄養が豊富に含まれているうえ、天然の調味料としても活用できます。

■唐辛子粉

市販されているものには、右下の写真のようなパウダー状のものから、粒の大きなものまでいろいろあります。粒の大きなものは歯で噛んだ食感が楽しめるので、韓国ではよく使われますが、歯の間に残ることがあるので、日本ではあまり好まれないようです。パウダー状のものは、食材に色がつきやすいのが特徴です。

■コチュジャン

日本でもお馴染みの、韓国の甘辛い味噌。唐辛子と米麹、大豆、水あめなどを混ぜて作る発酵食品で、ビビンバや鍋物のたれなどに、幅広く活躍します。

■韓国味噌

韓国味噌にもいろいろな種類がありますが、一般的に、日本の八丁味噌に似た味で、合わせ味噌よりは辛いのが特徴。韓国では大豆の粒が少し残っているものが、よく使われます。

本書では、いくつか味噌を使った料理がありますが、お好みで日本のもの、韓国のものを使い分けてください。辛口が好みの人は、韓国味噌がおすすめです。

■ヤンニョムジャン（薬念醤）

よくある質問に「ヤンニョムジャンの材料が、料理によっていろいろ変わるのはなぜですか？」というのがあります。ヤンニョムジャンとは「味つけしたしょうゆ」という意味。ですから、基本はしょうゆに唐辛子粉、ごま油を混ぜたものですが、料理や好みによって、さらにねぎや塩、砂糖、みりんなどを加えて作るのです。

唐辛子粉

コチュジャン

韓国味噌

著者紹介

崔誠恩（チェチウン）

韓国・ソウル生まれ。
ソウル大学校農科大学卒業、韓国料理研究家。
韓国朝鮮王朝の宮中料理を担当した祖母の影響を受け、伝統的な韓国料理を学ぶ。現在は『崔さんのキムチ』代表として、本格キムチの製造責任者や食品会社各社の顧問を務める一方、日韓女性親善協会や農協婦人会、百貨店などで料理講習を行なっている。また、韓国料理の第一人者として、新聞・雑誌などでも活躍中。

制 作 協 力　エヌピー企画
装丁／デザイン　前田　寛
撮　　　　影　久保田　健

崔さんのとっておきレシピ
キムチでごちそう

2003年 3 月20日　　第1刷発行

編　者　崔誠恩
発行者　三浦　信夫
発行所　株式会社　素朴社
〒150-0002　東京都渋谷区渋谷1-20-24
電話：03（3407）9688　　FAX：03（3409）1286
振替　00150-2-52889
印刷·製本　東洋印刷株式会社

ISBN 4-915513-71-8 C2377